AF314416

. E.-V. VEUCLIN

L'EGLISE SAINTE-CROIX

de Bernay

PREMIÈRE PARTIE
HISTOIRE

BERNAY

IMPRIMÉ PAR V. E. VEUCLIN

EN L'AN 1885

L'ÉGLISE DE SAINTE-CROIX

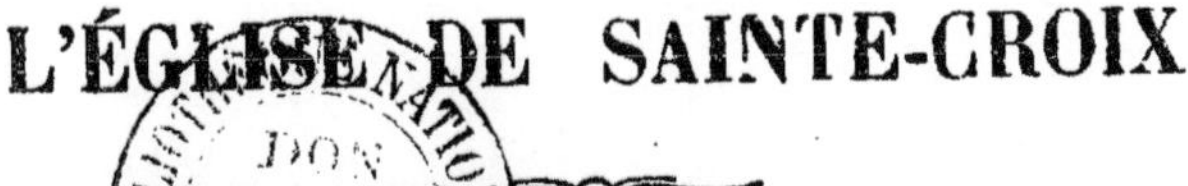

HISTOIRE ET DESCRIPTION

Par E. Veuclin

MEMBRE DE LA SOCIÉTÉ DE L'HISTOIRE DE FRANCE

Extrait de *l'Histoire de la Ville de Bernay*, par E. VEUCLIN
et A. BAZIN

BERNAY
VEUVE A. LEFÈVRE, IMPRIMEUR
Rue des Fontaines, 40.

1877

(5)

EGLISE DE SAINTE - CROIX

Première église paroissiale de Bernay

L'introduction du Christianisme dans la partie de la Gaule Armoricaine qui forma le diocèse de Lisieux, n'eut lieu, paraît-il, que vers la fin du vi⁰ siècle, et ce ne fut guère qu'à partir de cette époque que s'élevèrent, sur les ruines des temples païens détruits, les premiers sanctuaires chrétiens.

Les progrès de la religion du Christ et le nombre croissant de ses prosélytes firent bientôt augmenter le nombre et les dimensions des églises qui, au xi⁰ siècle, étaient fort nombreuses, car, lorsque Richard II, quatrième duc de Normandie, épousa, vers l'an 1000, Judith de Bretagne, il donna en dot à la pieuse princesse 117 villages avec 53 églises.

Dans cette donation y est compris Bernay avec ses dépendances, composées de 30 villages environnants et 21 églises.

Dix-neuf villages seulement en possédaient une : 1⁰ Caorches ; 2⁰ Saint-Mards-de-Fresnes ; 3⁰ Grand-Camp ; 4⁰ Tilleul-Fol-Enfant ; 5⁰ Saint-Martin-du-Tilleul ; 6⁰ Chambrais ; 7⁰ Ferrières ; 8⁰ Réville (?) ; 9⁰ Saint-Aubin-le-Vertueux ; 10⁰ Grandchain ; 11⁰ Menneval ; 12⁰ Saint-Léger-du-Boscdel ; 13⁰ Valailles ; 14⁰ Courbépine ; 15⁰ Carentonne ; 16⁰ Camfleur ; 17⁰ Fontaine-l'Abbé ; 18⁰ Beaumont ; 19⁰ Vieilles.

Bernay qui était un lieu ancien et important,

centre et chef-lieu du pays, ayant marché hebdomadaire et foires annuelles, possédait donc, avant le xie siècle, deux églises composant les 21 ; ces deux églises étaient, pensons-nous : 1° la chapelle de Saint-Germain, dont il ne reste plus que quelques vestiges de fondations ; 2° l'église paroissiale proprement dite.

Aucun document ne nous indique l'endroit où était placée cette église ; cependant, en tenant compte des faits qui vont suivre, il est probable qu'elle était située sur l'emplacement, ou du moins à peu de distance de l'église de l'abbaye de Bénédictins, fondée vers 1013 par Judith de Bretagne, et qu'elle fut détruite pour construire cette dernière.

Dans la construction de l'église abbatiale se voient, en effet, des pierres de grand appareil dont quelques-unes portent des inscriptions évidemment romaines, preuves irréfutables qu'il devait exister à cet endroit ou non loin de là un édifice très-ancien, peut-être un temple païen, sur les débris et avec lesquels fut probablement bâtie la première église paroissiale de Bernay, et dont les matériaux furent de même employés à la construction de l'église du monastère.

Dans les nombreux procès que soutinrent, au xviiie siècle, les Bénédictins de Bernay contre les curés de Sainte-Croix, ces derniers, pour s'affranchir de l'autorité des moines, s'appliquèrent surtout à prouver l'existence, avant le xie siècle, d'une église paroissiale portant le titre de *Sainte-Croix* (1).

Dans une réponse à un *factum* de ses adversaires, l'abbé de Bernay ne conteste pas l'existence d'une église paroissiale à Bernay avant la fondation de l'ab-

____

(1) Les églises portant le titre de Sainte-Croix sont très-rares et fort anciennes ; nous ne connaissons dans notre contrée que celles de Cormeilles (xie siècle) ; les Baux-Sainte-Croix et Sainte-Croix-sur-Aizier (xiie siècle).

baye, mais, dit-il, « l'on ne peut prouver que ladite église de Sainte-Croix existât *hors* de ladite abbaye, lorsqu'elle a été fondée en 1026. *L'ancienne église paroissiale de Bernay (dont le titre est inconnu) y avoit été renfermée et incorporée...* »

De ce qui précède, il résulte clairement que Bernay possédait, avant le XIᵉ siècle, une église paroissiale sur l'emplacement de laquelle fut construite celle de l'abbaye.

Par compensation, les habitants du lieu acquirent alors par *lettres* et *titres* le droit d'être admis dans la chapelle de Saint-Benoît de cette église qu'ils occupèrent pendant plus de 200 ans (1).

❖

Deuxième église paroissiale de Sainte-Croix

Dans la première moitié du XIIIᵉ siècle, les Bénédictins voulant conserver leur église entièrement à leur usage, en firent bâtir une aux habitants non loin de la leur.

Cette nouvelle église était située, lisons-nous dans un mémoire des curés de Sainte-Croix, « *en dehors des* « *enceintes de l'abbaye et à une distance de plus de* « *400 pas de la Grosse-Tour* (2), » et sur un plan de la ville de Bernay, produit par les mêmes à l'occasion d'un procès avec les Bénédictins, l'emplacement de cette église est indiqué, suivant une tradition,

---

(1) Cette chapelle était placée à l'extrémité du collatéral nord du chœur; elle sert aujourd'hui de logement au tambour de ville.

(2) *Factum* de Lochet du Carpont, 1716.

près *la petite boucherie*, à peu près au centre du terrain compris entre la rue aux Juifs, la rue de l'Abbaye (1), la rue Saint-Nicolas et le passage de la Cohue, par conséquent, presque en face l'ancien Hôtel-Dieu.

A cette indication évidemment fausse et détruite par les faits qui suivent, les Bénédictins firent la réponse suivante :

« L'ancien ou grand cimetière est situé (en 1717) à côté des murs et des fossés de la cour abbatiale où étoit l'ancien fort, dont il n'est resté que la *grosse tour*, qui est dans l'angle proche de la porte de Paris. »

Ce cimetière, quoique agrandi en 1372, contenait à peine 20 perches ; il avait la forme d'un triangle tronqué, dont la base était bornée par la rue de l'Abbaye, un des côtés par la rue de la Vierge-Marie (2), et l'autre côté par le jardin du portier de l'Abbaye, la pointe tronquée bornée par la rivière avait à l'un de ses angles la *porte de Paris* et à l'autre la *grosse-tour* (3).

« C'est dans ce cimetière — continue le mémoire des religieux — où était l'ancienne église de Sainte-Croix, autant qu'on en peut juger par les *ruines qu'on y voit encore*, et par la chapelle qui y est restée (4),

---

(1) Aujourd'hui rues du Commerce et de la Poissonnerie.

(2) Rue de l'Equerre actuelle. Cette rue était ainsi nommée à cause d'une statue de la Vierge qu'on y voit encore, au-dessus d'une inscription gothique.

(3) Un vieux plan de Bernay fortifié, dont la communication nous a été offerte par Mme Dubus, reproduit exactement tous ces détails.

(4) Cette chapelle dédiée à saint Charles subsistait encore à la fin du xviie siècle.

suivant l'usage qui a passé en loy de ne jamais profaner le sanctuaire d'une église sans y laisser une chapelle (3). »

D'après les indications ci-dessus, l'examen du terrain et l'orientation liturgique, le portail faisait face à la rue de l'Abbaye (presque vis-à-vis la grille de la Recette particulière); le chevet à la rue de la Vierge Marie (au tiers, en descendant); et le côté nord à l'angle des rues au Feurre et de l'Aistre.

La seconde église paroissiale, dont nous nous occupons, portait le titre de *Sainte-Croix*, lors de la fondation de l'Hôtel-Dieu par le roi S' Louis, en 1250 ; elle est aussi désignée sous ce nom dans les actes de donation des places aumônées aux Cordeliers, lors de leur établissement à Bernay, en 1279.

Ayant été bâtie sous l'auspice et avec le secours des religieux, ceux-ci, comme curés primitifs, y placèrent un vicaire et l'administrèrent suivant leurs droits de seigneurs et patrons, droits qui devaient, 250 ans plus tard, être chaudement contestés et causer de longs procès.

Les guerres navarraises du xive siècle furent funestes à l'église de Sainte-Croix qui, lors de la prise de Bernay par Charles-le-Mauvais, en 1357, « pièça fut du tout détruite par l'effet des Guerres, « pour ce qu'elle étoit trop prochaine de notre Fort, » dit le roi de Navarre dans ses lettres de 1372.

Troisième église paroissiale — (Eglise actuelle)

Après la destruction de leur église, « laquelle dès

------

(3) 4ᵉ *Factum* de Potier de Gesvres (Archives de l'Eure).

l'an LVII (1357). ou environ, fut abatüe pour le fait de la Forteresse dudit lieu », les paroissiens de Sainte-Croix intentèrent aux Bénédictins un procès qui dura fort longtemps.

Les paroissiens prétendaient que les religieux étaient obligés de faire réédifier de nouveau leur église, et appuyaient leurs prétentions tant de titres et de lettres que, « de si longue possession et saisyne « qu'il n'en est mémoire du contraire », disaient avoir le droit, depuis un temps fort ancien, d'être reçus en l'église des religieux, en l'autel de saint Benoît, pour y entendre le service divin et y recevoir les sacrements; que, dans le clocher de ladite église des religieux, ils avaient leurs cloches dont ils usaient encore présentement; que l'église de Sainte-Croix leur avait été baillée toute édifiée aux dépens des religieux qui vivaient alors et qu'ils devaient tenir en bon état de couverture, verrières et autres choses convenables pour y célébrer le service divin, comme calices, chasubles, livres, pain et vin à chanter, sel et feurre en hiver et herbe en été (1), etc.

Les paroissiens réclamaient donc le droit de revenir dans l'église des Bénédictins comme en leur église paroissiale, jusqu'à ce que ceux-ci eussent fait réédifier celle de Sainte-Croix.

Les Bénédictins rejettèrent les prétentions des habitants en disant que, supposé que l'église de Sainte-Croix eût été baillée toute édifiée aux habitants, ils n'étaient point tenus pour cela de la reconstruire à leurs frais, puisqu'elle n'avait pas été démolie par

____

(1) Pour se rendre compte de ces derniers termes, il faut savoir qu'alors, même dans les églises de Paris, les plus riches bourgeois devaient porter leurs siéges à chaque office ou s'asseoir, comme le reste des fidèles, sur la paille en hiver et sur l'herbe en été (Blais).

leur fait ni par leur faute; mais ils s'engagèrent, dans le cas où les paroissiens feraient relever leur église, à l'entretenir volontiers en état de couverture, et à fournir les choses nécessaires au service divin. Les Bénédictins soutenaient aussi que les habitants n'avaient aucun droit dans leur église et que la sonnerie ou *clochet* et autres choses dont ils parlaient, avaient été acquises et gouvernées par les religieux depuis un temps si long qu'il suffisait à en accorder la propriété à leur église.

Le procès durait donc depuis quinze ans sans amener de solution, lorsqu'au mois de mai 1372, un riche bourgeois de la ville, nommé Bellot Taillefer, de famille ancienne et noble, puisqu'il portait le titre « *d'escuier* », se présenta devant Guillaume Fleury, tabellion au siége de Bernay, et déclara que « meu « em pittié et en devocion,...... pour le salut et sau- « vement de son ame, de son pere, de sa mere, de « son ael, de son aelle, de tous ses bienfaictours et « amis, et pour faire et redrechier l'edeffiement de « l'eglise de la paroisse de Sainte-Crois de Bernay, » il avait donné en pure aumône, « un manoir avec les « maisons, les edeffices, ovec le gardin, arbres, murs « et clostures dessus estans; si comme le tout se « porporte en lonc et en ley, assis en la dite par- « roisse, jouxte la *ruelle Taillefer*, d'une part, et « la *rivière courant*, d'autre part; aboutant sur le « *quemin du roy* d'un bout et d'autre.... » Bellot Taillefer ne demandait en compensation que des prières pour lui, ses parents, ses aïeux, ses bienfaiteurs et amis, et, en outre, à perpétuité, une messe de *Requiem* célébrée et chantée chaque année en ladite église de Sainte-Croix, le jour de la fête sainte Catherine, et 5 sols de rente pour les religieux de l'abbaye. L'aïeule du donataire, à qui appartenait la tierce partie dudit manoir, intervint pour confirmer cette donation (1).

Par suite de cette donation qui fit cesser le procès, une transaction fut faite, le 30 août suivant, entre les Bénédictins et les paroissiens afin de régler les droits et les charges respectifs des parties.

Les Bénédictins « ayant pitié et compassion de la « desolation et destruction de ladite Eglise Parrochial « dont ils étaient Seigneurs et Patrons, » traitèrent au moyen d'amis communs, de la manière suivante :

Ils délaissèrent, en tant que seigneurs, tous les droits qu'ils avaient sur le terrain concédé par Belot Taillefer ; ils permirent aux habitants de faire édifier à leurs frais leur église comme bon leur semblerait ; le reste du terrain non employé à l'édifice devait servir pour cimetière (2); ils délaissèrent aussi pour accroissement du cimetière ancien (3) « une place « que l'on souloit dire la maison Barbey, et autant « comme il y a de terre au lay de ladite place, jus- « ques au bout des murs du cimetière ancien, tenant « d'un côté audit cimetière et aboutissant à la rue de « l'Aistre d'un bout..... (4) ». De plus, pour aider les habitants, lesdits religieux leur promirent 50 arbres bons et convenables en bois noir, et du menu bois pour faire de la chaux.

Les paroissiens, de leur côté, s'obligèrent à tenir leur nouvelle église en bon état de couverture et à fournir tout ce qui serait nécessaire au service divin;

---

(1) L'acte *in extenso* se trouve dans les *Mémoires et Notes* de M. A. Le Prevost, t. 1, p. 300.

(2) Le cimetière destiné aux enfants et qui existait le long de l'église, à gauche.

(3) Le cimetière de l'Equerre.

(4) Aujourd'hui rue Alexandre.

ils renoncèrent aux droits qu'ils pouvaient avoir dans l'église abbatiale, tant en sonneries qu'en autres choses.

Les habitants eurent le droit de faire construire un clocher dont les *pôts* le soutenant ne devaient dépasser la couverture de l'église que de 6 ou 8 pieds au plus, ce qui faisait un clocher bien mesquin, dans lequel ils pouvaient mettre deux petites cloches pesant chacune 100 livres; ils ne pouvaient augmenter ce nombre sans l'autorisation desdits religieux. Ceux-ci conservèrent les émoluments et profits qu'ils avaient l'habitude de prendre en ladite église, « tant « à cause des oblations et droits, qui en autres choses « leur appartiennent. » Les parties, chacune en ce qui la concernait, devait obtenir la volonté, licence et autorisation de l'évêque de Lisieux pour ce qui touchait le spirituel, « et de très noble, haut et excel-« lent Prince le Roy de Navarre » pour ce qui touchait la temporalité (1).

En exécution de la clause finale de cet accord, les paroissiens se pourvurent vers Charles-le-Mauvais, pour obtenir de lui son agrément, sa permission et ses lettres d'amortissement, ce qu'il leur accorda en mars 1373.

Dans cette charte, l'emplacement concédé pour l'église est ainsi désigné : « tenant d'un côté à la « rivière du moulin Foulleux, et d'autre côté à la « Ruelle Taillefer, aboutissant par devant à la Rue « aux Juifs et par derrière à la Rue de l'Aistre. »

Les Bénédictins et les habitants de Bernay, se voyant sûrs de l'agrément du roi de Navarre, firent mettre leur transaction en forme, par Me Robert

---

(1) L'acte *in extenso* est rapporté dans les *Factums* de Lochet du Carpont et de Potier de Gesvres.

Lasnier, prêtre, notaire apostolique du diocèse de Lisieux et doyen de Bernay, le 29 août 1372 (1).

Enfin, au mois d'avril 1374, Charles le Mauvais confirma la donation et ses lettres précédentes (2).

Les travaux de construction de l'église actuelle ne commencèrent donc qu'à partir de 1374 ; ils furent bientôt interrompus, car, en 1877, Charles V, roi de France, voulant en finir avec les intrigues criminelles de Charles le Mauvais, assiégea Bernay dont il s'empara.

Les habitants demandèrent alors à Charles V la concession du terrain nécessaire à l'édification de leur église ; le roi fit droit à leur demande le 17 avril 1379.

Dans cette charte, il est dit que les places données à l'usage de l'église et du cimetière contenaient en tout « demye acre et quatre perches de terre ou environ (3). »

Quelques mois plus tard, le 27 décembre 1379, les Bénédictins signèrent un acte par lequel ils accordaient définitivement aux habitants de Bernay la permission de rebâtir leur église détruite en 1357 ; de plus, ils donnèrent 250 livres qui devaient être employées en rentes au profit de cette église (4).

De 1357 à 1380, époque approximative de l'achèvement de l'église, les paroissiens furent reçus une seconde fois dans la chapelle de Saint-Benoît de l'église abbatiale.

Une pièce sans date, mais qui est évidemment de la fin du xive siècle, fait mention des droits qui étaient

---

(1) *Factum* Lochet et Potier de Gesvres, pièce en latin.

(2) *Factum* Lochet (Bibl. de M. Lerenard-Lavallée).

(3) Mémoires et notes de A. Le Prévost.

(4) *Dict. hist. de l'Eure.*

perçus par les Bénédictins dans l'église de Sainte-
Croix.

En l'an 1400, peu après l'achèvement de l'église,
fut fondée une confrérie de *Charité*, qui subsista pendant plus de 450 ans, et à laquelle nous consacrerons
un chapitre spécial.

Le proverbe allemand : « *Il fait bon vivre sous la
crosse,* » ne reçut pas son application à Bernay. Les
Bénédictins, comme seigneurs et patrons, avaient,
comme nous l'avons vu, des droits très-étendus sur
l'église de Sainte-Croix. « Sans doute, dit l'abbé
Blais, dans plus d'une circonstance, ils donnèrent
trop d'extension à ce qu'ils appelaient leurs droits, »
car les curés et les paroissiens de Sainte-Croix
secouèrent souvent le joug qui pesait sur leur église
et cherchèrent plusieurs fois à se soustraire aux exi-
gences des moines.

Les difficultés entre les Bénédictins et les curés de
Sainte-Croix prirent naissance à la fin du XVe siècle.
En 1493, Me Guillaume Périer, curé, contesta aux
religieux le droit des oblations qu'ils percevaient
dans son église depuis sa reconstruction.

Après une doléance et une commission du 13 juin,
une attache du lieutenant-général de Beaumont-le-
Roger, l'abbaye, par arrêt de l'échiquier, en date du
21 juin, fut réintégrée dans les oblations et Me Guillaume Périer ne dut prendre que le titre de *vicaire
perpétuel* et non celui de curé de Sainte-Croix.

Dans l'espace d'un siècle, la ville de Bernay avait
beaucoup augmenté en importance et en population,
car, à la fin du XVe siècle, les paroissiens de Sainte-
Croix voulant « augmenter et excroître leur église,
« laquelle église, par la grande multitude du peuple
« manant et habitant d'icelle paroisse, ne peut sans
« augmentation comprendre, recueillir, ne recevoir
« ès dimanches et fêtes solennelles lesdits paroissiens

« et peuples affluans et venans en icelle, ayent entre-
« pris à élargir et excroître leur dite église, et en ce
« comprendre une allée, ruelle ou adresse, nommée
« la *Ruelle Taillefer* joignant à icelle église, » ils
demandèrent à l'abbé de Bernay son consentement
pour réaliser leur désir, parce que lesdites places,
héritages et allées relevaient de la seigneurie tem-
porelle de l'abbaye.

Le 27 décembre 1497, l'abbé et les religieux,
comme seigneurs et patrons, renoncèrent, moyennant
25 livres tournois, aux droits qu'ils avaient sur le
fonds destiné à élargir l'église et permirent aux habitants « de faire tous et tels édifices, augmentations et
« excroissements comme il leur plaira ; » puis, comme
la ruelle Taillefer « ça close, comprise et enclavée
« audit édifice et église de Sainte-Croix » était de
très-grande utilité « pour aller en la rüe de l'Aistre,
« en la Grande-Rüe et autres rües, Moulins-à-Bled,
« Foulleries, Four-à-Baon, Fontaines et autres lieux, »
les religieux donnèrent pour la remplacer « une allée
« et voye commune... de largeur de six pieds à pied
« le Roy (1). »

Les travaux d'agrandissement comprirent toute la
partie droite de l'église actuelle (sous-ailes et tran-
sept) ; au lieu du clocher mesquin de 1372, on cons-
truisit une magnifique tour (celle actuelle) qui reçut
cinq cloches, laquelle tour fut surmontée d'une élégante flèche en bois, couverte de plomb.

Voici la description de ce monument « qui passoit
« pour le plus hardy et un des mieux faicts de France :
« Veritable representàon de la tour de Sainte-Croix

---

(1) Ancienne rue du Moulin-de-Sainte-Croix, aujourd'hui
rue Sainte-Croix. — La pièce *in-extenso* se trouve dans le
Factum, Lochet, p. 72.

« de Bernay qui avoit environ trente-trois toises de
« hauteur, dont la piramide faisoit la moitié de laditte
« hauteur, qui se commençoit par *un pied en talut*
« à quatre faces d'environ deux toises de hauteur,
« composé de carreaux remplis de fleurs de lis, qui
« portoit *huit colonnes canelez* à chacune desquelles
« était attaché un *serpent volant* en forme de gar-
« gouilles ou égouttoir, et qui étaient aussi garnies
« de plusieurs fleurons jusqu'à l'extrémité qui se
« terminoit par une fleur de lis double. Sur ledit
« pied étaient posés *huit fenestres* percés à jour dont
« l'extrémité faisoit le mesme ornement que les
« colonnes, et qui portoient *une flèche à huit pans*
« ornées de cinq étages de fleurons, garnis de fleurs
« de lis et d'ermines ; au-dessus des fleurons étoit
« *une pièce ronde* d'environ trois pieds de diamètre
« et huit poulces d'épaisseur qui portoit *quatre teste*
« *de grues* et étoit souteau par *quatre gros chéru-*
« *bins* ; au-dessus dudit rond étoient posez *quatre*
« *feuilles de plomb* qui faisoient une espèce de *xomme*
« *fleuronnés* percées à jour. Un peu plus haut étoit
« *une tulipe* de qui sortoit *une croix* composée de
« cinq grosses branches de fer qu'on disoit peser
« douze cents livres, aux extrémités des branches
« de laditte croix étoit *trois grosses pommes* et *un*
« *coq* de cuivre doré (1). »

______

(1) *Journal de Bernay*, n° 1768. Copie d'un parchemin du
xvii° siècle.

Nous avons fait reproduire cette flèche dans son état pri-
mitif, d'après les documents authentiques suivants : 1° Dessin
du xvii° siècle fait sur le recto du parchemin précité ; 2° Sculp-
ture sur bois de 1851 ; 3° Lithographie de M. Laumonnier ;
4° Dessin reproduit, il y a une vingtaine d'années, chez les
Frères des Ecoles chrétiennes ; 5° Lithographie ornant la
notice de l'abbé Blais. Le travail de gravure a été exécuté
en 1873, par M. V. Normand.

En 1508, recommencèrent les procès des curés de Sainte-Croix avec les Bénédictins ; nous en indiquerons sommairement les motifs et les résultats :

Arrêt du Parlement de Rouen, du 30 octobre 1509, maintenant les religieux en possession et jouissance de toutes les oblations qui se faisaient dans ladite église.

Notre pays n'échappa point aux ravages des guerres religieuses du XVI* siècle ; le 18 mars 1563, les calvinistes s'étant emparés de Bernay, cette ville, restée catholique, fut mise à sac ; un chroniqueur protestant dit que les autels y furent démolis, les images détruites et les prêtres tous massacrés (1).

Vingt-six ans plus tard, la ville de Bernay, dont les habitants étaient toujours catholiques dévoués, prit le parti de la Ligue et servit de refuge aux malheureux Gautiers battus près de Falaise et à Vimoutiers. Les troupes royales durent faire trois assauts et se servir d'artillerie pour s'emparer de la ville (19 juin 1589), dont la plus grande partie fut brûlée, surtout dans le voisinage de l'église de Sainte-Croix qui servit de retranchement aux Gautiers auxquels s'étaient joints les habitants. La tour de l'église porte encore les traces de leur résistance désespérée ; les embrasures et les meurtrières sont, en effet, criblées de trous des balles des royaux.

La ville de Bernay, peu corrigée de son indocilité envers le roi, fut, une seconde fois, prise d'assaut l'année suivante (15 juillet 1590) et mise à la rançon, et, « comme la ville avoit souffert le canon à ce

Dans un des *factums* précités, il est question d'un « profil « de la ville de Bernay, tiré par le feu sieur Hubert, en 1675, » et montrant l'église avec son beau clocher lequel « étoit élevé « de plus de 100 pieds au-dessus du comble de l'église. »

(1) Théodore de Bèze, voir aussi : De Thou, t. II, l. XXXIV.

« moyen, suivant toutes anciennes coutumes, » les cloches des églises appartinrent au vainqueur qui fut autorisé à s'en emparer (1). Le 23 août 1591, le duc de Montpensier autorisa Pierre Prevost, chef de son artillerie, soit à prendre les cloches de Bernay et d'en disposer à son gré, soit à accepter une somme égale à leur valeur dans le cas où les habitants voudraient transiger.

Les paroissiens de Sainte-Croix rachetèrent celles de leur église (2) moyennant deux cents écus sur lesquels, en 1593, ils versèrent quatre cents livres, dont voici la quittance :

« Je soubsigné le cappitaine Le Genestier confesse
« avoir eu et receu de Mᵉ Michel Duprey, Jehan le
« Velain, Estienne Lescacher et Bernard Quesney,
« les thesauriers de Sainte-Croix de Bernay, la somme
« de quatre centz livres à déduire sur deux centz écus
« promis à Monseigneur de Fervacques, pour le
« rachapt des cloches de ladite église adjugez au
« canonier de France lors de la prinse dudit Bernay.
« Faict le troys⁰ jour d'octobre mil Vᶜˢ quatre-
« vingt-traize, signé Querier. » (3).

Les habitants de Bernay ne se hâtèrent guère de payer le montant de leurs cloches confisquées par Prévost, car en 1596, celui-ci renouvela sa requête à laquelle il fut ordonné de faire droit dans les quinze jours sous peine de payer au postulant 1500 écus. Les habitants, obligés de se soumettre, payèrent au

---

(1) Cette coutume, depuis longtemps tombée en désuétude, fut remise en vigueur par Napoléon Iᵉʳ, au siége de Dantzig, en 1807.

(2) Il existe encore une des cloches rachetées en 1591.

(3) *Arch. de Bernay.* Le Prévost, Izarn, Sainte-Marie-Mévil.

mois d'avril de ladite année, 100 écus qui restaient dus depuis trois ans sur le rachat de leurs cloches (1).

Nouveaux procès entre les curés et les moines : Le 8 avril 1593, sentence rendue contre le sieur Gouin, curé, en faveur de dom Cornu, secrétain de l'abbaye, maintenu à la perception des oblations et des offrandes ; 6 février 1597, transaction par laquelle le dit Cornu (du consentement de l'abbé) abandonne au sieur Jambin, vicaire perpétuel (c'est-à-dire curé) de Sainte-Croix, « tout le revenu de la « dite église dont il souloit jouir, réservé que le dit « secrétain aura droiture de dire la messe parois- « siale aux jours et fêtes accoutumées ; aura aussi le « dit secrétain le bonnet carré que les jeunes prêtres, « lorsqu'ils disent leur première messe en la dite « église, ont coutume de donner, etc. » (*Factums* « cités).

La paix dura trente-deux ans, mais en 1630, surgirent de nouvelles querelles.

Le 21 mai, eut lieu entre les parties une transaction par laquelle : « Les dits sieurs Religieux, Abbé « et Couvent seront reconnus pour Seigneurs, Patrons » et Curez primitifs de Sainte-Croix ; le dit sieur « Le Prévost ne pourra prendre la qualité de curé, « ains seulement de Vicaire perpétuel, etc. » (*Factums* cités).

Treize ans plus tard, nouvelles difficultés et procès entre les Charités, les paroissiens et les Bénédictins, au sujet des préséances dans les Processions et les Assemblées. Une transaction fut passée entre eux le 26 novembre 1643 : en voici les termes ; « Doréna« vant, lorsqu'il se fera des Processions générales « ou particulières en la dite Ville ou Fauxbourgs,

---

(1) Sainte-Marie-Mévil. *Chartes de la Charité de Notre-Dame de la Couture.* — Le Prévost.

« Messieurs les Religieux de l'Abbaye s'y trouvant,
« auront toute préférence et honneur au préjudice
« des dites Paroisses de la Couture et Sainte-Croix,
« comme Curez Primitifs des dites Paroisses ; et en
« leur absence, que le dit Curé ou Vicaire Perpétuel
« de Sainte-Croix, et Charité de la dite Paroisse,
« préférerons le dit Curé ou Vicaire Perpétuel et
« Charité de la dite Paroisse de la Couture. » (*Factums* cités).

En 1649, l'église de Sainte-Croix, reçut un morceau de la vraie croix dans les circonstances suivantes :
« Un fragment considérable du bois de la vraie Croix
« ayant été conservé dans la tour de Londres depuis le
« temps de Henri VIII jusqu'au règne de Charles Ier,
« fut emporté par la reine Henriette d'Angleterre et
« périt dans le naufrage qu'elle fit en se rendant en
» Hollande.

« Plusieurs fragments en avaient été donnés au-
« paravant par la reine aux Pères Capucins qui for-
« maient sa Chapelle. Le Père Constantin de Bernay,
« l'un d'entre eux en fit présent à l'église Sainte-
« Croix, comme le témoigne un acte de Leonor de
« Matignon, évêque de Lisieux et qui date de may
« 1649... » (1).

Le trésor de l'église de Sainte-Croix possède encore
l'acte original de l'attestation de l'Evêque de Lisieux ;
en voici la teneur :
« Nos Leonorius Dei et Sanctæ Sedis gratia Epis-
« copus et Comes Lexoviensis singulis et universis
« ad quos attinet, salutem et benedictionem in Duo.
« Cum Reve. P. Fr. Contancius Bernayensis ordinis
« fratrum minorum Capucinorum, allatam sibi Cru-

---

(1) Extrait d'une lettre de M. l'abbé Sauvage, professeur
au petit séminaire de Rouen, au sujet de la relique de la
vraie Croix. — Note de M. Malbranche.

« cem quæ ex particulis sanctissimæ xpi crucis, pro
« testibus omni exceptione maioribus probat com-
« pacta est Ecclesiæ parochiali Sanctæ Crucis eius-
« dem urbis an ex mandato nro tempore hoc qua-
« drégésimali divini verbi præco existit dono dari,
« Ut concederemus summis precibus a nobis postu-
« laverit, Nos pius eiusdem supplicationibus atten-
« dentes et redemptionis nostræ misterium quibus-
« libet signis propalare ex animo cupientes, Prædic-
« tam crucem visis retententisque super hoc testi-
« moniis fide dignis in dictæ Ecclesiæ Sacrario de-
« vote tutoque reponi, nec non festis tam parasceve
« quam Inventionis Exaltationis Sanctæ Crucis populo
« venerandam exhiberi presentium tenore conce-
« dimus et ordinamus : Insuper prohibentes ne
« quis sub excommunicationis pœna ex ea aliquid
« præsumat eximere, ut tantæ pietatis signum ad
« omnipotentis Dei gloriam tutius diutiusque perse-
« veret. Datum Lexoviis die Martii anni redemptionis
« noræ millesimi sexentesimi quadragesimi noni. » (1).

La première exposition de la première relique eut
lieu le 14 septembre suivant dans l'église de l'abbaye,
d'où elle fut apportée en grande pompe dans celle de
Sainte-Croix ; voici le procès-verbal de cette cérémonie :

« Du mardi, avant midi, 1er jour de février de l'an
« 1650, devant Jean Gallois et François Dumoulin, ta-
« bellions royaux à Bernay, pour la vicomté d'Orbec,
« Sont comparus, discrète personne, messire Tho-

____

(1) Cette pièce signée et contre-signée, avec sceau timbre
sec sur queue en papier, est écrite sur une feuille double de
parchemin 52 1⁄2 sur 40 1⁄2. Au dos est cette mention :
« Attestation de la vraye croix qui est en l'église de Sainte-
Croix de Bernay, 14 mars 1649, 2 liasses » ; cette 2e liasse
était probablement le procès-verbal d'exposition.

« mas Leprévost, prêtre, ci-devant curé de la pa-
« roisse de Sainte-Croix de ce lieu, en faisant d'ac-
« cord les fonctions de curé pour l'absence du pour-
« vu de la dite cure ; messire Louis Lecarpentier,
« conseiller du roi et procureur de sa majesté en la
« vicomté de ce lieu, pour le baillage d'Evreux ;
« Nicolas Foucques, marchand ; sieur de la Tillais ;
« Jean-Hermier, aussi marchand, et Jean Houssais,
« aussi marchand, trésoriers-marguillers de la dite
« église de Sainte-Croix, lesquels, à l'instance des
« révérends Pères religieux de Saint-Benoît, en
« l'abbaye N.-D. dudit Bernay, ont attesté que le ré-
« vérend Père Constance, capucin, ayant prêché en
« cette ville l'Avent et le Carême dernier, désirant
« laisser des marques de sa piété et dévotion en la-
« dite église de Sainte-Croix, en laquelle il a été ré-
« généré, a donné un morceau notable du bois de la
« vraie Croix de Notre-Sauveur Jésus-Christ, et dont
« les preuves et attestations ont été faites pardevant
« monseigneur l'évêque de Lisieux, par un acte de
« lui signé et de son secrétaire, avec le sceau de ses
« armes, sous la date du. . . . jour de mars dernier.
« En conséquence desquelles preuves ledit seigneur
« Evêque a permis l'exposition dudit Bois au jour de
« Vendredi-Saint et aux fêtes de l'Invention et Exal-
« tation de Sainte-Croix ; après laquelle permission
« lesdits trésoriers *ont fait adjencer ledit bois en
« forme de croix, dans un cristal transparent avec
« argent doré,* de quoi les sieurs Leprevost, mar-
« guillers et autres personnes notables de cette dite
« ville, ensuite se sont transportés le 12e du mois de
« septembre, saisis de l'acte dudit seigneur Evêque,
« au monastère d'icelle abbaye, et prié le révérend
« Père Prieur d'avoir agréable, en qualité de Supé-
« rieur de ladite abbaye, de permettre en faire la
« première exposition et trouver bon, avec son ben

« plaisir, que ce fût dans l'église d'icelle abbaye, le
« 14e du dit mois, jour et fête de l'Exaltation, et en
« même temps faire lecture publique de ladite per-
« mission dudit seigneur Evêque; ce qu'étant accordé
« par ledit révérend Père Prieur, lesdits marguillers
« ont voulu, le matin dudit 14°, apporter ladite Croix
« dans ladite église, laquelle aurait été prise par le
« dit révérend Père Prieur et mise en la sacristie, et
« le même jour, sur les neuf heures du matin, ledit
« sieur Leprevost, assisté de son clergé revêtu des
« plus beaux ornements de l'église, accompagnés
« des révérends Pères Cordeliers de ce lieu, des cha-
« rités et confréries, ensemble des officiers et no-
« tables bourgeois de ladite ville, avec grand nombre
« de peuple, étaient venus processionnellement en
« ladite église d'icelle abbaye, où étant, ledit révé-
« rend Père Prieur, revêtu de chappe, accompagné
« de ses Religieux-Officiers, pareillement revêtus de
« chappes et tuniques, se serait transporté sur le
« marchepied du grand autel de l'église d'icelle
« abbaye, et là aurait été, l'acte dudit seigneur Evê-
« que, présenté, duquel lecture a été faite à haute
« voix par l'un desdits Religieux et secrétaire d'icelle
« abbaye, et après ladite lecture, ledit révérend Père
« Prieur prit ladite Croix, l'exposa au peuple et
« commença la procession générale dans laquelle le
« Père Prieur porta ladite Croix, et au retour de la
« dite procession la posa sur le grand autel de ladite
« église de Sainte-Croix, puis après la grande messe
« paroissiale fut célébrée par le révérend Père Sous-
« Prieur et autres Religieux-Officiers d'icelle abbaye,
« et après l'Offertoire, ledit révérend Père Prieur fit
« le sermon en l'honneur de la Sainte-Croix; tous les-
« quels actes et cérémonies ont été attestés véritables
» par lesdits sieur Leprévost, marguillers et autres
« personnes notables à scavoir : discrète personne

« messire Michel Gontier, prêtre, vicaire de ladite
« paroisse de Sainte-Croix ; noble M. André Huvet,
« conseiller du roi, président en l'élection de ce lieu
« de Bernay ; noble homme M. Jacob Lesage, con-
» seiller, élu pour le roi en ladite élection ; noble
« personne M. Jean Chagrain, aussi conseiller, élu
« en icelle élection ; M. Jean Jouvin, pareillement
« conseiller, élu en ladite élection ; M. Louis De la
« Varde, écuyer, conseiller du roi, receveur des
« aides et tailles en icelle ; noble personne M. Pierre
« Hardy, conseiller et procureur du roi en la vicomté
« de Montreuil dudit Bernay ; M. Jehan Foucques,
« bailli de Menneval ; noble personne M. Jean Gue-
« net, conseilller du roi en ladite élection ; discrète
« personne M. Jacques David, prêtre ; M. Jean Gué-
« roult, advocat ; noble personne M. Louis Jouvin,
« sieur des Loges, receveur au grenier à sel dudit
« lieu ; Jean Jouvin, sieur de Saint-Aubin ; Simon
« Jouvin, marchand drapier ; sieur des Loges ;
« M. Robert Chanu, avocat ; tous bourgeois et habi-
« tants dudit lieu.

(Suivent les signatures). (1).

Un inventaire du trésor de l'église, dressé vers
1680, nous indique l'endroit où l'on plaçait la croix-
reliquaire : « La relique de la vraye croix estant en-
« fermée à deux clefs en haut du maître-autel de
« l'église, dont M. le Curé a une clef et MM. les
» Marguilliers de présent en charge l'autre. Le pied
« d'icelle croix estant d'argent doré. » (2).

En 1647, nouveaux procès et transactions entre les
Curés et les Bénédictins ; cette fois-ci au sujet des

---

(1) Tabell. de Bernay. — *Factums* précités. — *Journal
de Bernay*, 14 avril 1857.

(2) Notes communiquées par M. F. Malbranche.

processions et du *Te Deum ;* il fut arrêté que les religieux présideraient, comme par le passé, aux processions de la ville, et que le *Te Deum* se chanterait dans l'abbaye ou assisteraient les curés de Sainte-Croix et de la Couture avec leur clergé.

Toutes ses transactions n'avaient pas lieu sans soulever de grands débats ; aussi voyons-nous, en 1669, le baillage de Bernay, en ordonner l'exécution, et en 1671, l'official de Lisieux régler de nouveau l'ordre des processions, ordre qui causa souvent du désordre et même des rixes en pleine rue entre les confréries.

A la fin du XVIIᵉ siècle, le relâchement de la discipline ecclésiastique, dans l'église de Sainte-Croix, est constaté par la requête que Léonard Foucques, curé de Sainte-Croix, présenta à l'Official de Lisieux, pour se plaindre que ses prêtres s'absentaient fréquemment et ne l'aidaient point suffisamment : « Il « vous plaise, Monseigneur, écrivait-il, ordonner « qu'à l'avenir tous les Prêtres de la dite Paroisse, « et principalement ceux du Mortuologe, aideront « leur Curé à faire le service de la Paroisse, aux Di- » manches et Fêtes, dès l'Eau Bénite que l'on fait « tous les Dimanches à la Grand'Messe, et dès le « commencement des Vêpres jusqu'à la fin, ou cha- « que prêtre du Martuologe fera telle fonction de « Diacre, Soûdiacre ou Chappier qu'il plaira audit « Curé, etc. » (1)

Le 23 décembre de la même année, il y eut encore une sentence rendue entre les Bénédictins, le Curé de Sainte-Croix et les Prêtres de la dite Paroisse.

Le 16 janvier 1686, Anne Cassé, de la paroisse de Saint-Jacques-de-la-Barre, probablement protestante, fit sa profession de foi dans l'église de Sainte-Croix ;

---

(1) *Factum* Potier de Gesvres (Bibl. de M. Canel).

cette profession de foi est consignée tout au long dans le registre de catholicité de la paroisse.

Nous avons parlé de l'élégante flèche de la fin du xvᵉ siècle (ou plutôt des premières années du xvrᵉ) qui surmontait la tour : « cet édifice qui passoit pour
« le plus hardy et un des mieux faicts de France,
« fut — dit un manuscrit du temps — malheureuse-
« ment abatu par une Tampeste furieuse qui adriva
« le troisième de juillet mil six cents quatie vingt
« cept sur les cinq à six heures du soir, et fut ren-
« versé sur la nef de l'église qui la fracassa entière-
« ment. Sous ces débris épouvantables furent acca-
« blez plusieurs personnes considérables qui étoient
« pour lors à prier dans la ditte Eglise, au nombres
« desquelles Estoit monsieur Gueuroul, monsr
« Desprez, Firmin de la Mare, la fille de monsieur
« Fontenelle, la fille de monsieur de Ruyer, la fille
« de Robert Lieuvin, la femme de Christophe Dutuit,
« enceinte et un de ces enfants qui Etoit auprès
« d'elle, la femme de Pierre Sirard, Jeanne Noël, et
« cept autres qui furent grièvement blessées sans
« comter quantité de personnes qui en furent pré-
« servées par une grâce particulière » (1).

Dix des victimes furent inhumées le lendemain 4 ; le registre de catholicité de l'église de Sainte-Croix fait suivre leurs noms de cette mention à la suite de l'acte unique d'inhumation : « Lesquels dé-
« functs ont été tous tués dans cette église par la
« foudre qui renversa le clocher sur l'église qui fut
« entièrement (*renversée* mot biffé) détruite. »

« Les habitants — dit un historien local — récla-
mèrent auprès du roi la remise de leur taille pour

---

(1) Manuscrit de l'époque ayant appartenu à feu M. Mois-sard. — *Journal de Bernay* du 15 juillet 1858.

employer la somme à la réparation nécessaire de leur église. L'intendant d'Alençon employa son influence et le crédit de ses amis pour faire réussir cette demande au conseil et en obtint un arrêt favorable. Le roi accorda deux années de leur taille montant à 27.000 livres; somme qu'on répartit après l'arrêt sur tous les priviiégiés et biens-tenants de la paroisse de Sainte - Croix, ainsi que sur tous les contribuables aux tailles des deux paroisses, et les travaux commencèrent. » (1).

Un autre auteur rapporte le même fait mais avec quelques variantes : « Les habitants, dit-il, s'adressèrent au conseil du roi pour être autorisés à faire une levée de 40,000 livres, destinée jusqu'à concurrence de 28,000 environ à la réparation de leur église... »

« Un arrêt du Conseil d'Etat du 24 février 1688, rendu sur l'avis conforme de M. de Bouville, commissaire en la généralité d'Alençon, autorisa cette levée repartie sur un laps de temps de huit années; 27,500 livres furent, en effet, perçues pendant les années qui suivirent et employées à la réparation de l'église... » (2).

Bref, « cette réparation — lisons-nous dans une « publication de 1787 — a coûté aux habitants près de 30,000 livres. » (3)

Pendant la durée des réparations, l'on ne dut pas cesser de célébrer l'office divin dans l'église, car les registres de catholicité, à partir de l'écroulement de

---

(1) Blais, *Notice hist. et archéol. sur N.-D. de la Couture* 1852.

(2) F. Malbranche, *Notice sur l'hospice de Bernay*, 1861.

(3) *Almanach de Lisieux pour 1787*, publié par Mistral. (Bibl. de Lisieux).

la flèche, font mention, comme par le passé, des baptêmes, mariages et décès *dans l'église de Sainte-Croix*; l'abbé Blais dit cependant que « les paroissiens, comme en 1357, furent reçus dans l'église de l'abbaye qui leur tint lieu d'église paroissiale pendant sept ans que durèrent les travaux. »

Ce fut un sieur François Levesque, maître menuisier à Alençon, qui, le 15 novembre 1591, se rendit adjudicataire, au rabais, de la réédification de l'église.

Deux ans après, les paroissiens purent rentrer dans leur église suffisamment réparée ; ils manifestèrent leur satisfaction en faisant un feu de joie qui fut dressé devant l'hôtel-de-ville, suivant l'édit du mois d'août de l'année précédente.

Les réparations furent considérables : on reconstruisit entièrement l'étage supérieur de la nef et du chœur ; de plus, lisons-nous dans le *Factum* déposé aux archives de l'Eure, « l'église fut allongée, sur la rue de l'Aistre, de la saillie du grand autel, pour lui donner du jour » (1) ; ce fait nous apprend que, primitivement, le chevet de l'église était droit, comme celui de la plupart des églises de campagnes, et que ce chevet n'était éclairé que par une seule fenêtre du xiv⁰ siècle, semblable à celle du portail, laquelle fenêtre avait été bouchée pour appliquer extérieurement le grand autel contre le mur, selon l'usage de l'époque. Le *Factum* précité, ajoute que « les ou- « vrages non achevés » des collatéraux du chœur furent élevés à la même date.

Les 80.000 livres allouées furent, comme on le

---

(1) Les fenêtres à plein-cintre sans ornements qui toutes ont été refaites ogivales en 1863, prouvent authentiquement la construction au xvii⁰ siècle de cette portion de l'église.

voit, bien insuffisants : c'est pourquoi, faute d'argent, les collatéraux du chœur restèrent inachevés (1), et au lieu de refaire l'élégante flèche détruite, on eut le mauvais goût de la remplacer par un affreux campanile justement comparé à une chaudière et à un chaudron renversés et posés sur des piquets (2).

En 1693, il restait encore dû à l'entrepreneur Levesque 684 livres pour pavage, lambrissage, menuiserie et sculptures du chœur et de la nef ; mais, comme le travail fut reconnu mal fait et inachevé, il dut se contenter des 230 livres qui lui furent offertes et payées par les trésoriers (3).

A la fin du XVII siècle, une statue en pierre dorée était placée dans une niche à l'extérieur méridional de l'église ; cette statue, appelée indistinctement Saint-Guillaume ou le Bienheureux de Bernay, était

---

(5) Il est infiniment regrettable d'avoir démoli à grands frais, il y a trois ans, ces « ouvrages non achevés » durs comme le roc, dont une partie avait servi à faire une sacristie. L'amour de l'art, le respect de l'antiquité et le bon sens faisaient un devoir de dégager d'abord ces constructions afin de rechercher le motif qui les avait fait élever ; ce dégagement eût alors offert à un architecte intelligent un plan logiquement tracé par un *maître de l'œuvre* qui devait être, lui du moins, compétent en architecture religieuse. Cette opération toute naturelle, que l'on n'a malheureusement pas exécutée, eût épargné quelques milliers de francs et des regrets pour l'avenir de la chapelle projetée, si mal commencée et qui actuellement serait entièrement et surtout solidement élevée.

(2) Un désir souvent exprimé est de voir disparaître ce maussade édifice et de rétablir à sa place la jolie flèche du XV siècle ; cette œuvre fera honneur aux personnes intelligentes et artistes qui la feront exécuter.

(3) Reg. de catholicité.

celle de Guillaume de Fécamp, premier directeur de l'abbaye au XIe siècle, et qui, après sa mort, fut regardé comme un saint et vénéré comme tel à Fécamp et à Bernay. Le vulgaire s'imaginant que le Bienheureux Guillaume était le fondateur de Bernay, avait donné le nom de Bernay à cette statue, et ne manquait pas de demander aux étrangers qui visitaient la ville, *s'ils avaient vu Bernay,* faisant allusion à cette statue qui était peu visible et que la Révolution a détruite ainsi que la niche (1).

Ce fut surtout au XVIIIe siècle qu'eurent lieu les plus grands procès entre l'abbaye et les curés de Sainte-Croix. L'intolérance et l'animosité des Bénédictins était arrivée à un tel point que les pauvres curés ne pouvaient rien faire dans leur église sans s'exposer à des significations, à des sommations, etc., qui pleuvaient dru comme grêle à la moindre soi-disant infraction aux transactions que nous avons rapportées, et le curé Goulafre, homme paisible, mort en odeur de sainteté en 1703, disait lui-même « qu'il n'osait saluer les Bénédictins le premier dans « la crainte qu'ils ne s'en fissent un droit et une obli-« gation contre ses successeurs. »

Le clergé de Sainte-Croix se composait alors d'une vingtaine de prêtres (18 à 23) lesquels eurent à chacun leur tour maille à partir avec leurs patrons. Nous ne rapporterons que très-sommairement les sentences et arrêts principaux dont l'analyse remplirait un volume, et qui avaient toujours pour objet les droits que les Bénédictins prétendaient exercer dans l'église de Sainte-Croix ; disons seulement que le scandale fut tel que plusieurs fois la grande messe paroissiale fut interrompue par des

---

(1) A. Guilmet. — *Chroniques de l'Eure.*

sergents qui osèrent exercer leur ministère pendant les offices (1).

1707, apogée des procès auxquels prirent part les habitants des deux paroisses, résolus de se délivrer à tout prix du joug intolérable de l'abbaye; nous trouvons en effet dans le registre de catholicité de Sainte-Croix, une assemblée générale des paroissiens ayant pour objet d'autoriser M. Mullot, leur curé, « à poursuivre le procès contre les Bénédictins » ; cinq pages de signatures accompagnent cette autorisation.

Le curé Mullot ne s'étant pas senti de force à soutenir la lutte, permuta son bénéfice avec M° Lochet du Carpont qui fut présenté à la cure de Sainte-Croix le 4 décembre 1708.

Les Bénédictins trouvèrent un rude adversaire dans la personne de ce nouveau curé qui soutint avec une persévérance et une vigueur peu commune les nombreux procès qui leur furent intentés de 1708 à 1726, procès qui nous ont fourni une vingtaine de mémoires, de contredits, de factums, de réponses si précieux pour l'histoire locale, en ce qu'ils renferment des renseignements et des documents authentiques aujourd'hui oubliés et perdus.

Du Carpont ne vit pas le triomphe de son église, car il mourut le 12 avril 1720, âgé de 62 ans (2).

La mort de ce prêtre énergique n'arrêta pas la procédure que son successeur, M' Guillaume-Antoine

---

(1) Nous renvoyons pour les détails de toutes ces affaires à notre *Histoire manuscrite de la ville de Bernay*, ABBAYE.

(2) Ce curé, de famille noble, portait pour armoiries : *de sable au lion d'argent semé de billettes du même*. Nous avons retrouvé sa pierre tombale dont nous parlerons plus loin.

Laugeois fut forcé de reprendre ; et telle était l'animosité des partis que la sœur de du Carpont tint à continuer l'œuvre de son frère.

Après une foule de mémoires, de répliques, d'enquêtes, etc un arrêt du conseil du roi, du 24 janvier 1721, désigna des arbitres qui n'aboutirent qu'à retarder de nouvelles escarmouches.

Plusieurs fois déjà, le jour de Pâques avait été le théâtre de scandales ; il en fut de même en 1722 et un arrêt du conseil du roi cassa l'exploit de Nicolas Gueroult, sergent qui avait commis la maladresse de signifier dans l'église, pendant l'office, à la requête des Bénédictins, un arrêt du conseil d'Etat et une commission du Parlement (1).

Quatre ans plus tard, le curé de Sainte-Croix, soutenu par son évêque, obtint enfin, le 5 octobre 1726, une déclaration du roi annulant les transactions de 1630 et les suivantes, et portant que les feux de joie se feraient dorénavant devant le portail de son église au lieu de se faire dans la cour de l'abbaye, et que ledit curé y mettrait le feu, honneur réservé jusque-là à l'abbé ou à son prieur.

Le curé de Sainte-Croix fut si joyeux de cette première victoire, qu'il institua une procession solennelle et anniversaire, le 5 octobre, dont voici le cérémonial tel qu'il fut annoncé au prône le dimanche 28 septembre 1732 :

« Après le *Benedicamus* de Complies, l'antienne
« de la Sainte-Vierge ; on commencera par le *Te Deum*
« *laudamus* qui sera entonné par le célébrant et con-
« tinué par l'orgue et par le cœur alternativement,
« pendant lequel le célébrant, précédé de deux en-

---

(1) Les curés primitifs. (Bibl. de M. l'abbé Caresme.)

« fants de chœur tenant un flambeau allumé, ira
« mettre le feu au buscher qui se trouvera préparé
« devant la principale porte de l'église. Les prières
« et oroisons qui doivent terminer le *Te Deum* étant
« finies, on chantera *Exurge* pendant que le célé-
« brant fera l'aspersion dans l'église en la manière
« accoutumée, et après le verset et oroison conve-
« nables, les frères des Charités et Confréries tant
« de la paroisse, que des Cordeliers et de l'Hôtel-Dieu
« tenans leurs torches en leur main allumées, le
« chantre entonnera le repons *Per tuam Crucem etc.*
« pendant lequel la procession se mettra en marche
« en l'ordre prescrit par Mgr l'Evesque et comte de
« Lisieux. Le repons fini, on chantera celuy qui com-
« mence *Civitatem istam in circumda, etc.*, et
« étant dans l'église ou chapelle des Religieux Cor-
« deliers de cette Ville, lieu ordinaire de la station
« on chantera l'antienne *Confessor Domini, etc.*, la-
« quelle étant finie, chacun étant entré en sa place
« dans le cœur *(sic)* et le Saint-Sacrement adoré en
« silence, pendant un peu de temps, on chantera les
« psaumes *Exultate Deo adjutari, etc, In Convertendo*
« *Dni captivitatem, etc.*, et *Exaudiat te Dnus*, les-
« quels seront suivis des versets et oroisons conve-
« nables, après quoy la procession retournera dans
« le même ordre en l'église de paroisse en chantant
« les Litanies de la Sainte-Vierge qui seront termi-
« nées dans le chœur par leur verset et oroison, le
« tout conformément au contrat passé devant le no-
« taire de ce lieu, le 5 février 1727 (1).

Le 3 avril 1727, en exécution des ordonnances pré-
citées, les confréries de charité de la ville, prirent,

-----

(1) Pièce originale, collection de l'auteur.

pour le première fois, le rang qui leur avait été désigné
dans les processions, mais le 15 août suivant, à la procession générale à N.-D.-de-la-Couture, les querelles
de préséance recommencèrent ; l'abbé Gautier, dans
son journal rapporte que « le tumulte arrêta la proces-
« sion pendant une demi-heure dans la rue, et la pa-
« roisse de la Couture eut la gauche. »

Dans cette même année, le Parlement de Rouen
rendit un arrêt en faveur des curés de Sainte-Croix.

Deux ans plus tard, à l'occasion de l'inhumation d'u-
ne femme qui s'était noyée dans la Charentonne « pro-
« che le routoir du moulin de M. Gouille, paroisse de la
« Couture, mais qui avait été retirée du côté de la praï-
« rie qui dépendait de Sainte-Croix », le juge d'Orbec
régla la délimitation précise des deux paroisses et or-
donna que le corps fût inhumé à Sainte-Croix.

Le 13 juin 1730, l'archidiacre de Lisieux tint la Calende pour première fois en l'église Sainte-Croix. Le
manuscrit de Fouques d'Asnières fournit sur cette coutume disparue les détails suivants : « Tous les ans,
« dans l'Octave de la Fête-Dieu, il y a à Bernay une
« grande et nombreuse assemblée ecclésiastique, sous
« le nom de Calende, et c'est la seule du diocèse qui
« soit fixée à jour marqué : ce jour, tout le clergé sé-
« culier de la ville et de la campagne de toute l'étenduë
« du doyenné, se trouve réuni ; Mgr l'Evêque et un
« grand vicaire à la tête fait la procession dans la Vil-
« le, ensuite la Grand-Messe et le Sermon ; tout se fait
« le plus solennellement qu'il est possible... »

L'année suivante, une grande sécheresse affligeant
le pays depuis plusieurs mois, la paroisse de Sainte-
Croix fit des prières publiques ; elle alla d'abord, le 26
juin, en pèlerinage à N.-D.-de-Brézé, près Epinai ; le
fléau continuant, le 28, on porta processionnellement
la relique de la vraie Croix autour du calvaire et de la

ferme du Mont-Milon ; et cela pendant neuf jours. Le journal de l'abbé Gautier dit « qu'une multitude de monde innombrable » se joignit à cette procession qui avait lieu à 8 heures du soir. A cette époque de l'année et à cette heure le spectacle de cette cérémonie devait être singulièrement imposant et pittoresque.

De 1731 à 1733, de nouveaux procès vinrent encore troubler notre cité. Le curé de Sainte-Croix, Jacques-Samson Baivel, prétendait que son église était la principale de la ville, parce que « s'y faisaient les assemblées générales et les cérémonies publiques des Calendes, des Missions, de la distribution des saintes huiles à toutes les paroisses et communautés de la ville et du doyenné ; des offices funèbres à la mort des Princes, au nom du corps de Ville ; des stations de l'Avent et du Caresme, du son des cloches pour les réjouissances publiques, ouvertures des foires, retraite des soldats, etc., et la seule église baptismale qui soit dans les enceintes de la ville ».

Malgré ces raisons, le curé n'eut point gain de cause et un arrêt du Parlement de Rouen, du mois de mai 1733, déclara l'alternative entre les deux paroisses et fit défense aux curés de Sainte-Croix de qualifier leur église de *principale*.

En 1736, fut confirmé au Conseil l'arrêt de 1726 conservant à l'abbaye le droit de curés primitifs sur la paroisse Sainte-Croix.

Uue sentence du 25 décembre 1737 nous apprend que tous les prêtres de Sainte-Croix rendaient le pain béni comme les paroissiens. L'abbé Gautier ayant voulu s'exempter de cette coutume fut condamné, par le bailliage d'Orbec, à s'y soumettre comme ses confrères.

L'année 1748 fut marquée par l'abjuration publique, en notre église, de Jean-Georges Francfort et de Catherine Migot, son épouse, luthériens.

En 1784, sous l'administration du curé Lindet (Robert-Thomas) eut lieu la suppression de l'ancien cimetière de Sainte-Croix et l'érection d'un nouveau, qui fut solennellement béni le dimanche 4 septembre 1785, de même que la première pierre de sa chapelle.

Le 25 mai 1791, eut lieu l'installation de M⁰ Germain Lebourg, en remplacement du curé Lindet, qui avait été élu évêque constitutionnel de l'Eure le 13 février de la dite année.

Deux ans plus tard, la Révolution, après avoir entièrement dépouillé notre église la ferma au culte catholique. Le dernier registre de catholicité finit au 31 decembre 1793 ; il se termine par les lignes suivantes qui résument bien les horreurs de la Terreur : « Il man- « que icy quelques actes de baptêmes et de mariages « faits dans la chapelle du cimetière où nous nous étions « refugiés pendant quelques tems après qu'on [nous] « eut forcés de quitter l'église, mais dans peu on fon- « dit sur la chapelle et tout disparut. »

Convertie en magasin de subsistances, sous le nom de « Temple de la Raison et de la Bienfaisance », l'église Sainte-Croix fut rouverte au culte le 16 prairial an III (4 juin 1795).

Nous arrêtons là notre étude historique que nous compléterons ainsi :

Seconde partie. — Confréries. Fondations. Curés.

Troisième partie. — Mobilier ancien et œuvres d'art.

APPENDICE

1397, 27 déc. — Permission donnée par les Religieux aux habitants, de faire bâtir leur Eglise, et 250 livres pour employer en rente au profit de la dite Eglise.

1658, 9 fév. — Le juge d'Orbec condamne les sieurs Tuaut et le Marchand, jeunes prêtres de Ste-Croix, à présenter aux Religieux, chacun un Bonnet sacerdotal.

1659, 8 juil. — Transaction passée entre les Religieux, le curé de la Couture et le curé de Ste-Croix, sur les contestations d'entr'eux, au sujet des Processions, du lieu où devait se chanter le « Te Deum », et autres, par laquelle il a été convenu que le « Te Deum » se chanterait en l'église de l'Abbaye, où assisteraient les dits curés de la Couture et de Sainte-Croix, avec leur clergé.

1702, 8 juil. — Sentence de Bernay, rendue entre les Religieux et Mᵉ Pierre Aubry, prêtre habitué de Ste-Croix, qui maintient les dits Religieux dans la possession des droits honorifiques dans les dites églises, et fait défenses au dit Aubry d'occuper à leur préjudice la première place du Chœur.

1706, 30 janv. — Sentence du Bailliage de Bernay... qui ordonne qu'en qualité de Curés primitifs de l'église Ste-Croix, le Religieux qui dira la messe paroissiale le jour de la Purification de la Vierge, fera auparavant la bénédiction des cierges, et la procession ; que le Prieur ou un autre Religieux en sa place, ira célébrer la messe paroissiale des Fêtes de l'année, spécifiées dans les Transactions des années 1630 et 1659, et que pour cet effet le curé de Ste-Croix sera tenu d'envoyer au Couvent des dits Religieux, un prêtre revêtu de son surplis avec son bonnet carré, avertir de l'heure, amener ledit Religieux, et le ramener ; Que le dit sieur curé ira quérir les dits Religieux en corps pour faire la procession des Rogations..., et que le Prieur ou autre Religieux, donnera dans la dite église, la bénédiction au prédicateur de l'Avent et du Carême, et aux autres prédicateurs extraordinaires.